BEI GRIN MACHT SICH IHR WISSEN BEZAHLT

- Wir veröffentlichen Ihre Hausarbeit, Bachelor- und Masterarbeit

- Ihr eigenes eBook und Buch - weltweit in allen wichtigen Shops

- Verdienen Sie an jedem Verkauf

Jetzt bei www.GRIN.com hochladen und kostenlos publizieren

Beat Andreas Schweizer

La Théosophie et la Société Théosophique

GRIN Verlag

Bibliografische Information der Deutschen Nationalbibliothek:

Die Deutsche Bibliothek verzeichnet diese Publikation in der Deutschen National-
bibliografie; detaillierte bibliografische Daten sind im Internet über http://dnb.d-
nb.de/ abrufbar.

Impressum:

Copyright © 2011 GRIN Verlag GmbH
Druck und Bindung: Books on Demand GmbH, Norderstedt Germany
ISBN: 978-3-656-36529-7

Dieses Buch bei GRIN:

http://www.grin.com/de/e-book/208490/la-theosophie-et-la-societe-theosophique

GRIN - Your knowledge has value

Der GRIN Verlag publiziert seit 1998 wissenschaftliche Arbeiten von Studenten, Hochschullehrern und anderen Akademikern als eBook und gedrucktes Buch. Die Verlagswebsite www.grin.com ist die ideale Plattform zur Veröffentlichung von Hausarbeiten, Abschlussarbeiten, wissenschaftlichen Aufsätzen, Dissertationen und Fachbüchern.

Besuchen Sie uns im Internet:

http://www.grin.com/

http://www.facebook.com/grincom

http://www.twitter.com/grin_com

SA 2011

Université de Fribourg

Faculté de Théologie

Séminaire l'Occident et le Bouddhisme

Travail de séminaire

Beat Schweizer

La Théosophie

Image 1: L'idée de la Théosophie

Table des matières

1. Introduction

Le sujet de ce travail est la théosophie. Je commence avec une introduction à la théosophie en générale, pour après me concentrer plus spécifiquement sur la Société Théosophique, son histoire et doctrine. Ce travail veut être un résumé compact donnant les informations les plus importantes sur la matière, sans aller trop dans les détails. À cette fin je m'appuie surtout sur les articles des lexiques. Je termine avec une brève évaluation critique et personnelle.

2. La Théosophie en général

Le terme 'Théosophie' vient du mot grec 'theos' = 'dieu', et 'sophia' = 'sagesse', et signifie donc la sagesse de dieu, entendu comme le savoir sur Dieu, l'homme, le monde et leurs interdépendances que l'homme peut acquérir. Le fondement est une tradition de savoir clandestin, qui était transmis par des prophètes, sages, ou mystique depuis l'antiquité jusqu'au présent. Il s'agit d'une sagesse qui devrait permettre la connaissance du surnaturelle et de la raison d'être de l'homme. On peut distinguer en gros deux systèmes de théosophie: un qui met l'accent sur la tradition chrétienne, et un autre qui se dirige vers les religions orientales. Les caractéristiques générales communes à toutes les approches sont les suivants: acquérir la connaissance qui est au fond des religions, l'accès au monde spirituel ainsi que matériel, l'intuition supérieure des illuminées, l'acceptation des maîtres ou initiés et la connaissance ésotérique qui est transmis seulement aux personnes extraordinaires et dignes.[1]

Bibliquement la théosophie chrétienne peut se référer à 1 Kor 2,10. On trouve déjà ses premiers traits chez Clemens d'Alexandrie ou Origène et dans le néoplatonisme ainsi que chez Paracelse.[2] Les pères d'Eglise utilisaient le mot 'théosophie' encore comme synonyme pour 'théologie' et il signifiait une sorte d'expérience mystérieuse et mystique de Dieu. On pourrait ainsi dire que la théorie et la pratique allaient toujours ensemble. Dans la période de 1550–1650 'théosophie' devenait l'auto-description d'un christianisme ésotérique, mystique et expérimental qui se distinguait de la théologie confessionnelle. Ici, on mettait d'importance sur la réflexion sur la ressemblance de l'homme avec Dieu en réceptionnant des éléments kabbalistiques, hermétiques, néoplatoniques et alchimistes, souvent dans le dialogue entre maître et disciple. Les thèmes primordiaux étaient l'esprit et la matière, la chute de l'ange et de

---

[1] Cf. SHAW, Theosophie (2002) 393.
[2] Cf. NEY, Theosophie (2000) 1482.

l'homme, la Sophia comme émanation féminine de Dieu, le parachèvement du monde, la nature comme révélation divine, une doctrine des correspondances et signatures et une métaphysique de la langue et des chiffres pour permettre une vue d'ensemble de tout qui est, d'une philosophia perennis.[3]

Après les premières approches comme chez Heinrich Khunrath, un point culminant se trouve chez Jacob Böhme (1575–1624). Il était un mystique luthérien qui unifiait des éléments du néoplatonisme, de la kabbale judaïque, de la mystique, de l'alchimie, des réformes spirituelles de la reformation et de l'humanisme. Il voyait Dieu comme un absolu indifférencié qui reste toujours transcendent, qui a pour résultat une vue intérieure du principe divin. Böhme cherchait la signification secrète de la cryptographie de la nature. Il avait une grande influence sur les quakers, la romantique allemande et la sophiologie russe comme le théologien orthodoxe Sergej Bulgakow.[4]

Un autre personnage important pour la théosophie était le naturaliste suédois Emanuel Swedenborg (1688–1772). Après une expérience spirituelle il a développé un system spirituel global dans lequel il voulait intégrer la sagesse antique, la science naturelle empirique de la modernité, la philosophie rationaliste et la révélation chrétienne. Le but était de retrouver le savoir qui était perdu lors de la chute originelle. Les communautés des swedenborgiens existent encore aujourd'hui en Europe et en Amérique.[5]

La kabbale, la tradition mystique du judaïsme, était une grande source pour les théosophes chrétiens du 17ème siècle comme Böhme. Les chercheurs ont identifié la kabbale elle-même comme une théosophie judaïque, qui cherche de connaître les secrets de la vie clandestine de Dieu et le rapport entre la vie divine et la vie de l'homme et de la création.[6]

Les théosophes du 17ème et 18ème siècle étaient des intellectuelles qui cherchaient d'intégrer le savoir vieux dans le nouveau et d'amplifier l'espace de connaissance. Dans le 18ème et 19ème siècle il y avait des théosophies chrétiennes protestantes ainsi que catholiques. La relation entre théosophie et théologie ecclésiale était très souvent marquée par une marginalisation du christianisme théosophique par l'église à cause des reproches de panthéisme, pélagianisme et syncrétisme. Un dialogue constructif est possible si la théosophie prend la parole comme pneumatologie qui tient sur l'expérience. Dans le 19ème siècle le terme 'théosophie' était privé

---

[3] Cf. FRENSCHKOWSKI, Theosophie (2005) 349.

[4] Cf. SHAW, Theosophie (2002) 394.

[5] Cf. SHAW, Theosophie (2002) 394.

[6] Cf. HUSS, Theosophie (2002) 398f.

de son enracinement chrétien.[7] La Société Théosophique est née dans ce temps-là et fait partie de la théosophie non-chrétienne qui est séparée de la théosophie chrétienne et se développait de l'occultisme moderne.[8] Elle est devenue si importante que quand on parle de la 'théosophie', on se réfère normalement à la Société Théosophique.

3. La Société Théosophique

3.1. Histoire

Helena Petrovna Blavatsky (1831–1891) est né en 1831 comme Helena Petrovna von Hahn Rottenstern en Ukraine dans une famille noble. Depuis très tôt elle était intéressée à l'occultisme et avait également des talents médiaux. Après la mort de sa mère elle vivait avec ses grands-pères, mais elle n'était pas contente avec cette situation. Pour s'échapper de la maison, elle s'est mariée à l'âge de 18 ans avec Nikifor Vassilyevich Blavatsky mais à la première opportunité elle s'est échappée de lui et peu après elle commençait un grand voyage pour le monde d'environ 20 ans. Pendant ce temps elle a déjà connue l'Inde et le Tibet, entre beaucoup des autres destinations. Elle a établie des contacts avec un maître anonyme et mystérieux, qui l'enseignaient. En 1873 le maître l'a donné la mission d'aller à New York. Là,

elle a connue à Henry Steel Olcott, ce qu'allait être un des rencontres plus décisifs.[9] Henry Steel Olcott (1832–1907) est né en 1832 aux États-Unis dans une famille presbytérienne. Comme adolescent il se tournait vers le spiritisme. Il devenait un expert de

Image 2: Helena Petrovna Blavatsky avec Henry Steel Olcott

---

[7] Cf. FRENSCHKOWSKI, Theosophie (2005) 349f.

[8] Cf. RUPPERT, Theosophische Gesellschaft (2000) 1482.

[9] Cf. HOLTHAUS, Theosophie (1989) 24–27.

l'agriculture, journaliste, Colonel dans la guerre civil américaine et dès 1868 il travaillait comme avocat en New York. En 1874 il lisait un article sur des manifestations des esprits dans une maison particulière, et il décidait de faire des investigations la déçu. C'était à cause des rapports qu'il écrivait sur son travail que Madame Blavatsky a entendu de lui et ils se sont rencontré et devenu des amis. Au cours d'une discussion après une présentation de Georg Felt en 1875, Blavatsky, Olcott et William Quan Judge entre autre ont décidé de fonder une société pour investiguer des phénomènes occultes d'une manière scientifique: la Société Théosophique.[10]

Olcott était élu comme premier président de la Société. Pendant toute l'histoire il était très important pour l'organisation et donnait un cadre fixe au mouvement, mais Blavatsky était plus important pour ce qui concerne le contenu. En fait, Blavatsky est la personne plus influente pour la théosophie, et probablement l'occultiste la plus importante du 19ème siècle. En 1877 elle a publié sa première œuvre importante, *Isis Unveiled*, qu'elle avait écrit avec l'aide d'Olcott et apparemment de son maître. Lorsque leur succès avec la nouvelle société n'était pas vraiment très grand en New York, ils ont quitté l'Amérique en 1878 pour arriver en Inde, comme avait proposé le maître, en 1879. Là-bas ils ont pu grandir beaucoup plus facilement. En 1879 le magazine théosophique *The Theosophist* était publié pour première fois et il existe jusqu'aujourd'hui. Dans les premières années la théosophie de Blavatsky était très liée aux phénomènes surnaturels et à la magie. Le spiritisme est donc une des trois influences ou sources principales de la société. La deuxième est la relation avec des sociétés secrètes comme les francs-maçons. Ils partageaient la lutte de la spiritualité contre la victoire du matérialisme dans cette époque. En plus on peut dire que la structure hiérarchique et élitaire provient aussi de ce rapport. Et troisièmement Blavatsky a invoqué l'existence d'une universelle doctrine secrète qui existe depuis très longtemps. Dans ce sens-là, la Société Théosophique ne voulait pas du tout être la religion nouvelle qu'elle était en réalité, mais cette sagesse très ancienne revitalisée. Le but de la Société est alors de trouver la vérité absolue en étudiant toutes les religions, philosophies et sciences. C'est-à-dire un mérite, mais en même temps une haute exigence, c'est d'unir le spirituel avec la science naturelle, l'empirie. Néanmoins, ils étaient plutôt anti-chrétiens et très attirés vers l'hindouisme et surtout vers le bouddhisme. C'était en Sri Lanka où la Société avait gagné beaucoup des adhérents quand Blavatsky et Olcott se sont

---

[10] Cf. HOLTHAUS, Theosophie (1989) 30f.

convertis officiellement au bouddhisme en 1880. En 1882 ils ont déménagé le quartier général à Adyar près Madras.[11]

La Société Théosophique et surtout Henry Steel Olcott, luttait contre les missionnaires chrétiens qui opprimaient les bouddhistes et contre le colonialisme européen. Ils ont donc contribué à surmonter le colonialisme et à animer le dialogue entre l'ouest et l'est. Mahatma Gandhi, qui était temporellement membre de la Société, leur doit l'impulse pour sa prise de conscience de la propre valeur de la culture indienne.[12] Olcott a organisé le développement de l'éducation bouddhique, a initié la fondation des organisations des jeunes et en 1881 il a écrit le Catéchisme Bouddhique, qui est encore usé aujourd'hui comme manuel scolaire. Olcott a également réussit à établir la date de naissance du Bouddha comme jour férié face aux colonialistes britanniques. Pendant ces voyages pour des présentations à Birmanie et Japon, il a propagé l'écoumène bouddhique.[13]

En 1885 il y avait déjà 121 loges de la Société Théosophique avec plusieurs milles des membres, dont la majorité en Inde, Birmanie et Sri Lanka.[14] La même année la *société pour parapsychologie* a publié un rapport qui dénonçait les phénomènes merveilleux de Blavatsky comme tromperie. Beaucoup des adhérents de la Société Théosophique l'ont quitté. Blavatsky tombait gravement malade et devait quitter l'Inde sans y revenir plus jamais et partait pour l'Europe, où elle arrivait finalement à Londres. Elle renonçait à la magie pratique, formait un cercle intérieur qu'elle enseignait, la section ésotérique, et écrivait ses œuvres principales comme *The Sacred Doctrine* et *The Key to Theosophy*. Dans ce temps il y avait aussi quelques tensions entre Blavatsky et Olcott, qui restait en Inde. Une des raisons était la distance entre les deux, une autre la formation de la section ésotérique et donc la question du pouvoir dans la Société Théosophique. Madame Blavatsky est finalement mort en 1891 à Londres. Les vrai problèmes commençaient que maintenant, lorsque l'américain et cofondateur William Quan Judge se voyait comme vrai successeur de Blavatsky. En 1895 il a séparé définitivement sa section américaine de la section d'Olcott en Madras. Le mouvement devenait de plus en plus fragmenté. Avant sa mort, Henry Steel Olcott a nommé Annie Besant comme successeuse. Ses derniers mots étaient : 'Il n'y a pas de religion supérieur à la vérité ;

---

[11] Cf. LINSE, Theosophle (2002) 400–403.

[12] Cf. FRENSCHKOWSKI, Theosophie (2005) 350.

[13] Cf. MÜLLER, Olcott (2003) 542.

[14] Cf. SHAW, Theosophie (2002) 394.

dans la fraternité des toutes confessions religieuses est contenu la paix et le progrès de l'humanité.' Il est mort en 1907 en Adyar près Madras.[15]

Sous la direction d'Annie Besant, la Société Théosophique s'est approchée plus à l'hindouisme. Rudolph Steiner, qui était directeur de la section en Allemagne, Suisse et Autriche-Hongrie depuis 1902, a quitté la Société en 1907 parce qu'il n'était pas d'accord avec ce développement vers l'hindouisme. Steiner était chrétien et voulait faire une sorte de mystique chrétienne ésotérique, ou bien une théosophie chrétienne. Depuis 1912 il a alors développé son propre approche, l'Anthroposophie, dans laquelle il a traité des questions de développement psychique et physique et il fondait plusieurs écoles qui existent encore aujourd'hui. Son mouvement devenait important dans tous les pays germanophones.[16] Depuis 1909, Annie Besant voyait l'incarnation divine, le messie ou bien le christ réincarné dans le jeune Jiddu Krishnamurti, ce qu'était source des controverses et aussi une raison pour Steiner de quitter la Société.[17] En 1919, l'Église Catholique proclamait officiellement, que la doctrine de la théosophie soit contraire au christianisme.[18] En 1929, la Société Théosophique comptait 45'000 membres globalement, ce qu'était le maximum dans son histoire.[19] La même année, Krishnamurti se distançait de son rôle de sauveur. La théosophie de Madame Blavatsky avait une grande influence sur les mouvements ésotériques du 20ème siècle comme le New Age. Aujourd'hui il existe beaucoup des différentes sections dans tout le monde, qui sont parfois même des ennemies entre eux, car tous se croient la vraie théosophie. Les deux grands blocs majeurs sont la Société Théosophique Pasadena aux Etats-Unis et la Société Théosophique Adyar en Inde. La dernière compte environ 35'000 membres aujourd'hui.[20]

3.2. Doctrine

Madame Blavatsky entend 'théosophie' comme la sagesse que possèdent les dieux, qui sont les hommes une fois qu'ils se sont développés aux dieux.[21] La Société Théosophique se diri-

---

[15] Cf. HOLTHAUS, Theosophie (1989) 28; 32.

[16] Cf. SHAW, Theosophie (2002) 395.

[17] Cf. LINSE, Theosophie (2002) 407.

[18] Cf. FRENSCHKOWSKI, Theosophie (2005) 350.

[19] Cf. SHAW, Theosophie (2002) 394.

[20] Cf. RUPPERT, Theosophische Gesellschaft (2000) 1482.

[21] Cf. RUPPERT, Theosophische Gesellschaft (2000) 1482.

geait fortement vers le bouddhisme et sous la direction d'Annie Besant encore vers l'hindouisme en restant dans la pensée occidentale. La Société a défini trois buts principaux:[22]

1) Former un noyau de la fraternité universelle de l'humanité sans distinction de race, credo, sexe, caste ou couleur;

2) Encourager l'étude comparée des religions, des philosophies et des sciences;

3) Etudier les lois inexpliquées de la nature et les pouvoirs latents dans l'homme.

La théosophie ne se comprend donc pas comme religions, mais se voie à la recherche de la vérité absolue ou philosophia perennis qui est au fond de toutes les religions et philosophies. C'est ça qui permet en fait d'établir la fraternité universelle, car finalement il existe qu'une seule vérité qui est cachée derrière les différentes traditions. La théosophie de Blavatsky se comprend comme la sagesse qui soutient toutes les religions, au-delà de ses dogmes et superstitions. On peut être théosophe en restant chrétien, bouddhiste ou ce qu'on soit, mais la théosophie seule contient naturellement déjà toute la vérité.[23] Les trois buts ont une base humanitaire comme le but de diminuer les souffrances et de promouvoir la paix sociale, la justice et l'amour et mettent d'importance sur la liberté de pensée. En plus on a aussi la haute exigence que la théosophie soit scientifique.[24]

On peut bien prendre l'emblème de la Société Théosophique qui contient des différents symboles pour mieux saisir sa doctrine. Je prends ici l'interprétation actuelle de la Société Théosophique Adyar:[25]

1) *La devise*: autour de l'emblème on peut lire la phrase d'Olcott qui était déjà cité en haut et qui correspond à ce qu'on vient de dire: 'Il n'y a pas de religions supérieure à la vérité!'

Image 3: L'emblème de la Société Théosophique

---

[22] Cf. SHAW, Theosophie (2002) 397f.

[23] Cf. PASCAL, Conférences Théosophiques (1901) 51f.

[24] Cf. SHAW, Theosophie (2002) 397f.

[25] Cf. www.ts-adyar.org/content/emblem [09.11.2011].

2) *Le Ankh*: le symbole au milieu qui comprend la croix de tau et un cercle date de l'antiquité égyptienne et signifie la résurrection ou bien la victoire de l'esprit sur la matière, de la vie sur la mort ou le bien sur le mal.

3) *Les triangles entrelacés*: dans la tradition judaïque ce symbole signifie le Sceau de Salomon ou l'Étoile de David, dans la tradition indienne on l'appelle Sri Yantra et Satkona Chakram. Les triangles symbolisent ce qu'on appelle la Trinité dans des différentes religions: le Père, le Fils et le Saint Esprit dans le christianisme et Shiva, Vishnu et Brahma dans l'hindouisme. Le triangle foncé qui pointe vers le bas symbolise la descente de la vie de l'esprit dans la matière et le triangle clair signifie la montée de cette vie hors de la matière en esprit, c'est-à-dire l'opposition perpétuelle des forces positives et négatives.

4) *Le serpent*: le serpent a toujours été un symbole de la sagesse; les hindous appellent leurs sages des 'Nagas' (serpents), le Christ demandait ses disciples d'être aussi sage que des serpents, et les pharaons utilisait le symbole de 'Uraeus' (Cobra sacrée) sur le front. Le serpent avalant sa queue représente le cercle éternel de l'univers. La combinaison du serpent avec les triangles entrelacés signifie l'univers crée qui limite la création en temps et espace.

5) *Le Swastika*: c'est la Croix Ardente, avec des bras d'une flamme tourbillonnante en direction gauche qui représente les énergies de la nature qui créent et défont sans cesse les formes par lesquelles le processus évolutionnaire existe. Le Swastika est associé avec la troisième personne de la trinité qui est le créateur: l'Esprit Saint dans le christianisme et Brahma dans l'hindouisme.[26]

6) *Le Aum*: Tout en haut, coiffant l'emblème, on trouve en sanskrit le mot sacré 'Om' de l'hindouisme. Il consiste en trois lettres (a-u-m) qui représentent la trinité. Il y a aussi l'idée du Logos comme on le trouve dans l'évangile de Jean. L'emblème tout entière symbolise le dieu absolue, qui est transcendent et immanent au même temps. Le Dieu transcendent qui est exprimé par le Aum, assombrie le cercle de manifestation (serpent) énergisé par l'activité divine (Swastika); et dans ce rayon de manifestation les triangles entrelacés enchâssent le symbole de l'immortalité (le Ankh), qui est le Dieu immanent qui habite dans toutes les formes crées.

---

[26] Il faut remarquer ici qu'en vérité le christianisme attribue le rôle de créateur au Père et non pas à l'Esprit Saint.

Même s'il y avait des essais de réconcilier la théosophie avec la théologie chrétienne, surtout par Rudolf Steiner, la théologie chrétienne ne s'est presque pas laissée influencés. La condamnation officielle par l'Église Catholique en 1919 reste valide jusque nos jours. Les différences de la doctrine théosophique sont trop grandes:[27]

Le principe divin et universel: Dieu, l'âme et l'homme sont un avec tout l'univers, l'unité absolue, avec l'être divin ou le soi un et universel. Sa diffusion est Atman, le soi supérieur. En plus, la théosophie connaît l'ego divin et spirituel (l'âme spirituelle ou bouddhi), l'ego intérieur (l'ego qui s'incarne) et l'ego personnel (la personne physique). De l'existence une surgissent la matière et l'esprit. Il y a sept niveaux de l'univers: le physique, l'astrale, le mentale et quatre supérieurs. Les premiers niveaux sont dominés par la matière, le niveau le plus haut est purement spirituel. L'expérience de ce principe ne se révèle qu'aux maitres ou Mahatmas à travers de la connaissance secrète. Ses initiés ont une haute intégrité morale et possèdent des grandes habilités spirituelles. Parfois ils transmettent leurs connaissances en inspirant littéralement des auteurs théosophiques (comme avait revendiqué Helena Blavatsky).

L'homme: L'homme se compose de trois components: le corps physique, l'âme et l'esprit. L'homme a besoin de sept différents corps pour les sept différents niveaux. Le développement de l'humanité vise à développer des forces surnaturelles et des caractéristiques intellectuelles et morales pour atteindre le niveau le plus haut.

Réincarnation: Ce développement ne peut pas être effectué pendent une vie. Il est donc nécessaire qu'il y ait plusieurs, ce qui mène à la doctrine de la réincarnation. Les vies sont connectées; le corps physique meurt mais les autres corps continuent à vivre et l'âme se développe. Entre des différentes vies il y a une phase de purification. Si la majorité des hommes ne se souvient plus de ses vies passées, c'est à cause d'une préoccupation trop grande pour le bien-être physique dans l'existence actuelle.

Karma: À la réincarnation se rattache la loi de karma. Chaque cause porte son effet. Le karma détermine la vie suivante, ou bien la vie suivante puni les actes mauvaise ou récompense les actes bons de la vie passé.

Le but ultime: Le but de tout cela est la transformation de toute matière en esprit qui est l'état originel. On pourrait le décrire avec le terme bouddhique 'nirvana'. L'humanité est pensée comme émanation de la nature divine qui se trouve sur le chemin de rentrer chez elle.

---

[27] Cf. SHAW, Theosophie (2002) 395–397.

4. Fin

J'aimerais terminer avec une évaluation critique de la Société Théosophique sans prétention d'être exhaustive en résumant des points déjà dit d'un point de vue chrétien. Je commence avec la critique:

1) D'une part, on cherche la vérité absolue en étudiant tous les religions et philosophies, mais en réalité on n'étudie pas toutes les religions mais surtout les religions orientales et en plus on a souvent une attitude antichrétienne.

2) On néglige les différences entre les religions et leurs contradictions, comme par exemple la notion de 'soi' dans l'hindouisme et dans le bouddhisme ('non-soi').

3) La Théosophie ne veut pas être une religion et on critique les institutions comme l'Église Catholique, mais en fait on est aussi une nouvelle institution et même une religion avec sa propre doctrine.

4) Même si on laisse la liberté de foi, la vérité absolue se trouve finalement dans la théosophie.

5) La Société parle de la fraternité universelle, mais en fait elle établit une caste des initiés, des maîtres, une élite, comme par exemple Madame Blavatsky dans la fondation de la section ésotérique.

6) Finalement le mouvement théosophique s'est délité dans des différentes sections autonomes qui parfois même se battent entre eux, ce que totalement contraire aux idées de la théosophie.

Pour être juste, il faut aussi mentionner les points positifs:

1) La Société Théosophique a aidé à surmonter le colonialisme et à revaloriser la culture indienne incluant la religion et a positivement influencé à Mahatma Gandhi.

2) Elle a essayé à réconcilier la dimension spirituelle, mystique, avec la science, l'empirie.

3) Le souci justifié pour l'expérience personnelle, spirituelle et mystique peut aider à la théologie catholique à ne jamais oublier cette dimension de la foi, si elle prend la parole comme pneumatologie.

4) La Théosophie favorise une éthique humaniste, incluant l'amour, la justice et la paix.

5) La Société Théosophique a lancé un échange entre l'orient et l'occident en introduisant des concepts orientaux comme le karma et la réincarnation dans l'ouest. Étudier la Société peut aider à mieux comprendre les religions de l'est et donc à faciliter le dialogue interreligieux.

Bibliographie et liste des images

FRENSCHKOWSKI, Marco, Art. Theosophie, dans: *RGG⁴* 8 (2005) 348–350.

HOLTHAUS, Stephan, *Theosophie* – Speerspitze des Okkultismus, Asslar 1989.

HUSS, Boaz, Art. Theosophie II. Judentum, dans: *TRE 33* (2002) 398–400.

LINSE, Ulrich, Art. Theosophie III. Theosophische Gesellschaft (ab 1875), dans: *TRE 33* (2002) 400–409.

MÜLLER, Hans-Peter, Art. Olcott, Henry Steel, dans: *RGG⁴* 6 (2003) 541f.

NEY, Dieter L., Art. Theosophie, dans: *LTHK³* 9 (2000) 1481f.

PASCAL, Th., *Conférences Théosophiques à l'Aula de l'Université de Genève Novembre-Décembre 1900*, Genève 1901.

RUPPERT, Hans-Jürgen, Art. Theosophische Gesellschaft, dans: *LTHK³* 9 (2000) 1482.

SHAW, Douglas William David, Art. Theosophie I. Kirchengeschichtlich, dans: *TRE 33* (2002) 393–398.

Internet:

www.ts-adyar.org/content/emblem [09.11.2011].

Image 1:

http://www.contact-voyance.com/imagestec/dictionnaire/theosophie.gif [19.02.2012].

Image 2:

http://www.randi.org/encyclopedia/images/Blavatsky,%20Helena%20Petrovna.jpg [19.02.2012].

Image 3:

http://i42.servimg.com/u/f42/16/22/98/85/300px-10.jpg [19.02.2012].